A mon ami THÉODORE DUBOIS,
Directeur du Conservatoire National de Musique, Membre de l'Institut.

MORCEAU SYMPHONIQUE

POUR

TROMBONE TÉNOR ET PIANO.

PAR

Alexandre GUILMANT.

(OP. 88.)

BELWIN/MILLS PUBLISHING CORP.

Marcato.
Marcato.
ff Marcato.
ff
ff
Ped.
Cantando.
p
p
Ped.
Tranquillumente.
Dolce.
p
p
p
Ped.
Cadenza ad lib.
Rall.
p
p
Ped.

Allº modto (♩=104.)
Allº modto (♩=104.)
ff
Ped.
Ped.
mf
mf
Cres.
Cres.
f
f
f
f
Dim.
p
p
p
p
p
Cres.

Cres.
Dolce.
sf
p
mf
Dim.
pp
Con calma.
pp
Con calma.
pp
Ped.
pp
Subito.
p

f
Con fuoco.
f
Con fuoco.
f
sfz
sfz
sfz
sfz
sfz
sfz
Marcato.
Ped.
p
Cres.
Calmato.
pp
p
Cres.
Calmato.
pp
Ped.
Rall.
Dim.
p
Cres.
Rall.
pp
Ped.

Andte sostto.
p
Cres.
f
Andte sostto
p
Cres.
Cres.
ff Marcato.
Dim.
p
ff
Dim.
p
Ped.
Ped.
Ped.
Ped.
8a
Allo modto.
f
Allo modto.
f
sfz
sfz
ff Con fuoco.
Più mosso.
ff
Con fuoco.
Ped.

Ped.
ff
ff
sfz
sfz
sfz
Ped.
sfz
ff
ff
Ped.
Ped.

Kalmus